ⓒ김건성

정낙추

그 남자의 손

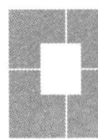

애지시선 011
그 남자의 손

2006년 11월 23일 초판 1쇄 발행

지은이 정낙추
펴낸이 윤영진
기획편집 함순례
디자인 이경훈 전희주
펴낸곳 도서출판 애지
등록 제 2005-5호
주소 300-170 대전광역시 동구 삼성동 125-2 4층
전화 042 637 9942
팩스 042 635 9941
전자우편 ejiweb@hanmail.net

ⓒ정낙추 2006
ISBN 89-92219-05-9 03810

* 저자와의 협의에 의해 인지를 생략합니다
* 이 책 내용의 전부 또는 일부를 재사용하려면 저자와 애지 양측의
  동의를 받아야 합니다

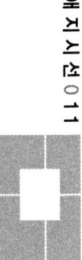

욃지시선 011

그 남자의 손

정낙추 시집

□ **시인의 말**

다섯 마리의 일소를 부리다가 푸줏간으로 보냈고

세 대의 경운기를 몰다가 고물상으로 넘겼다.

그래도 땅은 늙지 않는다.

이제 내 차례다

태안 모항에서
정낙추

차례

시인의 말　005

제1부
득도得道　010
갈꽃비　012
감기　014
고린丸　016
개백정　020
겨울 파도리　022
갯벌에서　024
밥 한 사발　026
그 男子의 손　028
늙은 호박　030
들판을 지나며　032
대보름　034
조개 까는 여자女子　036
대　038

제2부
새벽 포구　040

모범생 042
동행 044
동진강에서 046
나는 그런 놈이다 048
그 겨울의 우울한 삽화揷話 050
냉이꽃 056
만추晩秋 057
등꽃 058
또 못자리를 하며 060
망령 062
며느리밥풀꽃 064
똥 066
보석 067

제3부

못자리 하던 날 070
분신하는 봄 072
부부 073
물꼬 싸움 074
별꽃풀을 아시나요 076
세상에서 가장 아름다운 노을 078
술덧 082
아내 084
아버지와 감나무 086

예나 지금이나 088
익모초 090
입동 무렵 092
장군은 될 수 있다 094
폭설 096

제4부

호두 098
개망초 편지 099
즐거운 빚잔치 102
참새들이 비웃다 104
천리포의 봄 105
항아리 106
장마 끝 107
커다란 자루 108
큰 스승 110
태풍 113
흥정 마당 114
햇빛 한 줌 116

해설 | 유성호 117

제1부

득도得道

봉지 속에
한 사내가 있다
꽃 떨어지자마자 봉지 속에 유폐된 사내
얼마의 내공을 쌓았기에
독방에 갇혀서도
부처님 몸빛보다 더 찬란할까

봉지를 벗기자
눈부신 가을 햇살이 황금빛에 튕겨 깨진다

몸 안 가득 채운
단물은
사내의 땀방울이다 그리움이다
세상에 단 한 번도 내보이지 않고 고인
눈물이다

눈물이 매달린 배 나뭇가지 사이에서

사내가
잘 익은 자기 얼굴을 웃으며 따고 있다

갈꽃비

아버지께서 갈꽃비를 만드신다
지난 가을
당신처럼 하얗게 늙은
갈대꽃을 한 아름 꺾어 오시더니
오늘은 당신 몫의 생애를
차근차근 정리하여 묶듯이
갈꽃비를 만드신다

나이 들어 정신도 육신도
가벼워진 아버지와 갈대꽃이
한데 어우러져 조용히 흔들린 끝에
만들어진 갈꽃비
평생 짊어진 가난을 쓸기엔 너무 탐스럽고
세상 더러움을 쓸기엔 너무 고운
저 갈꽃비로
무엇을 쓸어야 할까

서러운 세월 다 보내신
아버지의 한 방울 눈물을 쓸면
딱 알맞겠는데
아버지는 끝내 눈물을 보이지 않으신다

감기

늦가을 비 맞으며 불청객이 찾아왔다
반갑지 않은 손님
독한 소주 한 잔에
고춧가루 푼 뜨거운 콩나물국을 대접해도
돌아가지 않고 곁에 누워
일년 농사 얘기나 하자며 자꾸 조른다

빚 얻어 빚 갚고도 모자라
가을마저 저당 잡힌 몸뚱이
으실으실 춥다가 펄펄 끓는다
밤새 휑한 가슴을 쓸고 나온 마른기침에
노란 은행잎이 무더기로 떨어져
머릿속 가득 어지럽게 쌓이는 밤

쉬 떠날 기미 보이지 않고 자꾸 시비 거는
손님이 귀찮아 눈감으면
보인다, 보여

텅 빈 벌판에서 무수히 쏟아지는 별을 피해
가쁜 숨 몰아쉬며 도망가는
초라한 사내가

고린丸

 능청맞고 의뭉스런 건어물 장사꾼 얼금뱅이 있었것다. 건어물을 사러 가의도賈誼島에 들렀다가 하룻밤 묵게 되었는디 삼경이 다 되어 객줏집 여편네가 아이고 나 죽네 눈알을 홉뜨고 떼굴떼굴 둥글며 난리 법석을 떨었것다, 이웃들이 몰려와 사지四肢를 주무르고 손톱 밑을 바늘로 따도 네 굽을 놓으며 하늘하늘 날뛰자 객줏집 남편네가 부랴부랴 불러온 선무당이 객귀를 물리는디, 왼손에는 된장국 바가지요 오른손엔 시퍼런 부엌칼을 들고 서서,

 어허, 사바세계하지동 해동 조선 땅 충청남도 태안군 근흥면 가의도리 금차가중에 신묘생 김씨 곤명지주 성주 객귀객신을 물리는 게 아니라, 조왕객귀객신을 물리는 게 아니라, 오방명당 객귀객신을 물리는 게 아니라, 남귀여귀 동방남방 객귀객신을 물리는 게 아니라, 乙卯年 庚申月 甲子日 丑時에 상청놀이 중청놀이 가슴앓이 배앓이 오장육부 아픈데 들어선 객귀객신은 썩 물렀거라 물러나지 않으면 이 장도칼로 모가지를 쓰윽 벨 것이다. 엇쐬-

왼발로 방바닥을 삼세 번 구르며 엇쐬 - 부엌칼로 여편네 배 째는 시늉을 삼세 번 하며 엇쐬 - 방문 살을 부엌칼로 삼세 번 그으며 엇쐬 - 소리를 내지르고 마당으로 달려가 뒷간 앞에 냅다 된장국을 쏟아버린 뒤 칼을 꽂고 돌아갔것다. 객귀를 물렸어도 여편네가 아이고 나 죽네 뱃살 땅겨 죽것네 네 방구석 기는 꼴이 저녁밥이 얹혀서 토사곽란 든 것 같은지라 가만히 눈치만 보고 있던 능청맞은 얼금뱅이 의원 행세 나섰것다.

 돌팔이 맥 모르고 침통 먼저 흔든다더니 얼금뱅이 장사꾼, 여편네 치마부터 걷은 다음 배꼽 아래 한 뼘 배꼽 위로 한 뼘을 눌렀다 뗐다 객줏집 남편네 우거지상 되든 말든 눈 지그시 감고 한식경이 훨씬 넘게 가만가만 주무르다 봉놋방에 들으니 잠은 천 리 밖으로 도망갔것다. 눈에 삼삼 어리는 건 박 속 같은 여편네 속살이요 귀에 잠잠 들리는 건 파도 소리라, 앉았다 일어섰다 똥 마련 강아지처럼 안절부절 못하고 귓구멍도 쑤셔 보고 발가락도 후비다가 옳거니! 탄성을 지르면서 발가락 사이사이 때꼽재기 긁어 모아 콩알만한 환약丸藥을 만들었것다. 환약을 핑계 삼아 안채로 건너가서 객줏집 여편네 주물탕을 실컷 놓고 냄새가 고약하여 먹기는 어려워도 먹고 나서 토하면 떼꺽 낫는 징조요 안 토해도 날 밝으면 씻은 듯이 낫으리다. 시치미 뚝 떼고 문 밖에서 엿들으니 여편네 신음 소리 가물가물 잦아들고 어느새 동쪽 하늘 희부옇게 밝았더라.

이튿날 얼금뱅이 아침상을 받았는디 민어포에 농어구이 홍어찜에 조기탕 생전복에 꽃게장 우럭에 도다리에 푸짐한 서해 바다가 한 상 그득 올랐것다. 객줏집 내외가 콧잔등이 땅 닿게 칙사 대접하면서 약 이름을 묻는지라 의뭉스런 얼금뱅이 헛기침을 해대며 돈 주고도 못 사는 토사곽란에 직효 약 고린丸이라 했다더라.

지금도 태안 지방 사람들은 간다고 하면서도 눌러 앉는

사람보고 가의도 나그네 같다고 놀리는디, 이 말은 얼금뱅이 건어물 장사꾼이 맨날 뭍으로 나간다고 하면서도 날이 궂으나 개나 날씨 탓만 해대며 의원 노릇 한답시고 객줏집 봉놋방에 처박혀서 그런 말이 생겼대나 어쨌대나.

개백정

바느질보다는 들일을
푸성귀보다는 누린 것을 좋아했던 당숙모
글줄이나 읽은 티내느라고
평생 샌님 노릇한 당숙에게 툭하면
보고 배운 것 없는 들꿩이라고 면박을 당하고도
허허 웃었던 통 큰 女子

고사리 꺾으러 산에 갔었지, 봄비 몇 방울에 탐스럽게 돋은 고사리를 정신 없이 꺾다 허리를 펴니 웬 누렁이 한 마리가 나를 빤히 쳐다보고 있지 않겠어, 처음엔 늑대인 줄 알았지, 놀란 가슴 달래며 자꾸 쫓아도 내빼기는커녕 꼬리를 치며 따라와서 이놈도 깊은 산 속에서 사람을 만나니 반가운 게다 싶어 길동무 삼았는데, 해가 저물어도 돌아가지 않고 줄레줄레 나를 쫓아오더라고, 그때 왜 갑자기 누린 것이 먹고 싶고 마른 봄 판에 배곯는 새끼들 얼굴이 떠오르는지, 볼 것 없이 허리끈을 끌러 누렁이 목을 매어 소나무 가지에 걸고 잡아당기는데 어디서 그런 힘이 생겼는지 몰라, 날은 저물고 안개가 산을 폭 감싸서 보는 사람 하나 없겠다, 치마를 벗어 둘둘 말은 누렁이를 고사리 바구니에 담아 이고 고쟁이 바람에 집으로 달려 왔지, 애들에게 노루를 잡았다며 그날 저녁 식구들 포식시키고 입단속을 잘 했는데 늘그막에 풍으로 누운 샌님이 심통이 나면 저 개백정년, 아귀 같은 년, 핀잔하며 욕하는 통에 동네방네 소문이 났지,

    여든 너머까지 잔병치레 한 번 없이
    일소처럼 들일하다 돌아가신
    개백정 당숙모 제삿날
    제삿상 앞에 모여든 샌님 닮은 자식들
    아무도 어머니를 추억하지 않고
    제 새끼들하고 웃으며 수박 덩이나 쪼개는
    오늘은 말복末伏 날이다

겨울 파도리

겨울, 파도리에는
바다는 없고 파도만 있다

바다를 둘둘 말아 자갈밭에 쫙 펴는
저, 파도
거품 가득한 생맥주 한 잔이 간절하다
하얀 갈증이 자갈 틈으로 흔적 없이 사라질쯤
한량처럼 불어오는 소금바람
간사지 들판 한 가운데
곧게 뻗은 아스팔트길을 내달아
갈대밭을 휘젓는다
순간 솟아오르는 청둥오리 떼
저, 청둥오리처럼 한겨울에
파도리를 홀로 찾아와 운 사람이 있었다
그 울음을 달래느라 파도가 더 크게 울었지만
그는 파도가 울음을 그치기 전에 파도리를 떠났다
누구나 살다보면

낯선 곳에서 실컷 울고 싶은 날이 없으랴만
파도에 부대끼며 산 사람들도 울지 않는
파도리에서는 누구도 쉽게 울어서는 안 된다

겨울, 파도리에는
사람 대신 파도가 운다

　*파도리: 충남 태안군의 작은 어촌

갯벌에서

물 빠진 갯벌에 태양이 드러눕는다
무수히 많은 바다의 숨구멍 속으로
들어갔다 나온 간간한 바람이
제방너머 산으로 올라가 송화 가루를 몰고 내려온다
하얗게 핀 소금꽃이 노란색으로 변한 갯벌
하루 종일 농게들이 천천히 소금꽃을 뭉쳐
집을 손질하다가 구멍 속으로 들어가
먼 바다 물결 소리에 밀물 때를 계산한다
달이 차면 바다가 되고
달이 기울면 땅이 되는
네 것과 내 것이 없는 갯벌에서
기다림의 고통 없이 마감하는 생은 축복이다
그 축복 속에 몸을 풀고 스스로 생을 접는
무수한 생명들이
바다의 숨구멍을 통해 세상과 소통하는 갯벌엔
뭍의 갈대도 적당한 거리에서 걸음을 멈추고
갈매기도 오래 머물지 않는다

끊임없이 생과 죽음이 반복되어도
슬프지 않음을 모르는 건 사람들뿐이다
오늘도 제 숨구멍을 틀어막는 어리석음을
밀물과 썰물이 조용히 증명한다

밥 한 사발

 세상천지 만물들이 생겨날 때에 허투루 생긴 것 하나 없듯이 쌀도 마찬가지여, 금방 방아를 찐 쌀 알갱이를 자세히 들여다 봐, 뽀얗고 둥그스름한 것이 꼭 어린놈들 고추 끄트머리 닮았지, 옛날에 쌀 한 톨 만들려면 따뜻한 봄날 모를 심어 뙤약볕 자글자글 끓는 여름 한 철 동안 애벌에 두 벌 세 벌 논을 맨 까닭은 벼 뿌리를 자꾸 긁어주고 건드려야 벼 포기가 단단해져 가을에 개꼬리같이 치렁치렁한 벼이삭이 매달리기 때문이여, 그래서 쌀은 양陽이고 男子여, 아닌 말로 사내 꼭지들 뿌리도 자꾸 만지작거려야 무슨 노릇을 해도 하지 그냥 놔둬 봐, 동네 장정들 다 불러 역사役事 한다고 그 물건 일으켜 세울 수 있나,

 가운데 금이 그어진 보리쌀 좀 보게나, 꼭 女子들 귀한 데 닮았지, 해 짧은 가을에 심어 겨울을 넘기자면 자꾸 북을 주고 다독여 줘야 하는 보리 싹처럼 여자도 그저 아껴주고 살펴줘야 되는 겨, 툭하면 여자를 보리 찬밥 취급들 하는데 그러면 못 써! 옛날에 흉년 구제는 보리가 하고 보

릿고개 넘긴 놈이 쌀밥 구경한 것처럼 엄동설한에도 죽지 않고 새끼 쳐 한여름에 익어서 사람뿐 아니라 날짐승 들짐승 먹여 살린 보리는 자식을 키우는 어미를 닮았단 말이지, 그래서 보리는 음陰이고 女子여, 보리꺼럭이 왜 붙었는지 알아? 여자를 얕보지 말라는 뜻이여,

 밍밍한 쌀밥과 깔깔한 보리밥을 섞어 먹어야 밥맛 나고 남자와 여자가 서로 얼크러져 세상만사가 돌아가는 게 바로 음양陰陽의 이치理致여, 그러니 기름 잘잘 흐르는 쌀밥이나 구수한 보리밥을 아무 속내 없이 퍼 처먹지들 말고 곰곰 생각하며 먹으란 말이여, 이 잡것들아!

그 男子의 손

그 남자의 손은
무쇠솥 뚜껑보다 크고 투박합니다
소나무 옹이보다 억센 손마디로
여린 싹도 키우고 고운 꽃도 피우게 하는
요술쟁이 손
그 손바닥엔 딱딱한 못이 박혀 있습니다
살아 백년 죽어 천년이 지나도
풀리지 않을 단단한 못 속에는
서러운 세월을 안으로 삭힌
땀과 눈물이 고여 있는걸 아시는지요

그 남자의 손에서는
잘 썩은 두엄 냄새와 구수한 곡식 냄새가 납니다
비누로 아무리 닦아도 지워지지 않는
그 냄새는 그 남자가 지쳐 쓰러질 때마다
일으켜 세우는 신비한 힘입니다

그 손은 욕심 없는 정직한 손입니다
이 나라 만백성을 먹여 살리고도
생색 한 번 안 낸 위대한 손입니다

그 손이 요즘 들어
희고 부드러운 손 앞에서 주눅 들어
자꾸 주머니 속으로 숨습니다
아내의 가슴을 보듬기조차
민망할 정도로 거친
그 남자의 손이 가엾어 죽겠습니다

늙은 호박

씨앗을 만들지 못하면서 어머니의 등은 굽기 시작했다
대신 몸 밖에서
무언가 만들기 위해
골몰하는 손놀림
가히 신神의 경지다

이 가을
한나절 내내 쇠똥구리처럼
커다란 호박과 씨름을 하더니
기어이 배를 쫙 가른다

늙은 호박은 보란 듯이 씨앗을 가득 담고 있다

어머니는 아랑곳하지 않고 씨를 발라내고
살팍한 살을 째어 빨랫줄에 넌다
금방 비들비들 마르는 호박고지
단내를 맡고 날아온 호박벌을 쫓는

늙은 어머니 얼굴이 햇살에 발그레 익는다

들판을 지나며

들판이 기우뚱 쓰러진다
비 장만하는 마파람 지나가는 자리마다
푸른 담요가 출렁
벼 포기들 바람을 얼싸안고 뒹군다

한때 내 사랑도 그랬다

온통 푸름으로 도금됐던 젊은 날의
광기, 혹은 환희가
소리 없이 빠져나간 지금
그 자리는 약삭빠른 눈치와 근엄한 체면이 차지했다
살아 숨쉬는 것 그 아무것도
키우지 못하는
황량한 들판을 경작하는 사이
옛사랑 같은 참새 떼 백로 떼
자취를 감췄다

바람이 불어도 내 마음
도무지 흔들리지 않는다

대보름

홑이불 같은 구름 헤치고
정월 대보름달
둥실 떠올랐다
연을 시집보내는 애들도 없고
지신地神 밟고 논둑 고사 지내는 어른도 없다
쥐불놀이 불빛도 보이지 않는다

부럼을 깨든 단단한 이빨들은
어디서 쓰디쓴 삶을 깨물고 있는지
귀 밝은 술 나 혼자 마신다

갈 테면 다 가고
뺏을 테면 다 뺏어 봐라
그런다고 내가 물러설 줄 아느냐
혼자라도 오곡밥 아홉 그릇 먹고
나무 아홉 짐 할 테다

하늘은 맑은데
흐린 눈으로 바라보는 보름달
물먹었다
올해도 물풍년은 틀림없겠다

조개 까는 女子

삼십여 년을
태안 시장 한 귀퉁이 눌러 앉아
조개 까는 女子
갯물에 퉁퉁 불은 낙지 대가리 손가락으로
안 보고도 척척 잘도 깐다
조그만 조개 칼 한 바퀴 돌리면
깜짝 놀란 조갯살 바르르 떨고
나비 같은 껍데기는 소복이 쌓인다

조개 까듯 이놈의 세상 홀랑 까서
알맹이 껍데기 가려 놓으면 좀 좋겠냐고
까도 까도 고단한 삶을 탓하지만
조개 칼 하나로 자식들 키우고 공부 시켜
아무 걱정 없는 줄 시장 사람들 다 안다

처녀 적에 내 조개가 일찌감치 눈 뜬 걸 눈치 채고
그 인간이 살살 꼬드겨서 얼른 팔았지

그랬더니 평생 지지리 속만 썩인 덕에
내 궁둥이가 이렇게 앉은 못 박혔어
그저 女子는 조개를 잘 팔아야지
잘못 팔면 요 모양 요 꼴 난다고 연신 떠드는 입
비리기가 안흥 항구 앞바다요
걸기가 풀 두엄 더미다

입이 근질거려 하루도 집에서 못 쉬는
조개를 닮은 女子
서방 노릇 제대로 못하는 웬수니 악수니 하면서도
웬수 때맞춰 점심밥 차려 주려고
조개 칼 놓고 집으로 가는 발걸음
들물처럼 빠르다

대

추울수록 더 푸른 기상
꼿꼿한 몸은
까마득 높고 맑은 정신을 향해
단식 중이다

속 빈 몸에서 들리는
은은한 저 긴 울림

세상 소문 몰고 온
참새 떼의 재잘거림
한순간 모두 지운다

제2부

새벽 포구

글쎄
꽁치더러 가재미헌티 시집가라니께
싫으요 하구 입을 삐쭉 내밀다
주뎅이가 뾰족해졌구
가재미는 눈을 허옇게 흘기다
눈깔이 모로 붙었디야

그까짓 외모가 무슨 상관이여
그저 맘씨 착해 여편네 고생 안 시키고
속궁합이나 잘 맞으면 그만이지
안 그려?

잠 쫓는 우스개 소리에
그물 추리는 아낙들 까르르
궁둥이 잠깐 시큰하고 잠잠

흔들리는 뱃전마다

꽃밭 같은 불빛
물에 떨어져 일렁이는

모범생

글을 배우지 못했다
그러나 살아가면서 몸으로 글자를 익혔다
아주 천천히

이제 몸은 경전이 되었다
걸어가는 모습도 글자가 되어
앞으로 갈 때는 ㄱ 자가 되고
누우면 ㄹ자가 된다
서툴게 익힌 글자가 서 있으면
자꾸 뒤로 꺾어진다
몸의 기억은 완고하여 한 번 습득한 글을
결코 놓지 않는다
죽을 때까지

가을걷이가 끝난 빈 들판에서
묵묵히 복습을 하는 사람들
아무도 읽어주지 않는

삐뚤빼뚤한 글자들을
첫눈이 지운다

동행

그녀는 졸면서 국자로 갯물을 떠서
꽃게 등에 붓고 있다
졸음을 참느라 닫혔다가 간신히 열리는 눈꺼풀처럼
천천히 움직이는 손놀림
배 멀미에 차멀미까지 겹친 꽃게는
뽀글뽀글 힘겹게 바다를 토해낸다
생生이 죽음으로 가는 출발이라고 한다면
꽃게는 지금 생의 종점에서
자기가 태어나고 자랐던 바다를
몸으로 지우는 작업을 하는 중일 게다
그렇다면 졸린 눈을 끔벅이며
꽃게 등에 갯물을 떠 붓는
시장통 늙은 여자의 손놀림은
어떤 기억을 지우려는 반복일까
죽음을 기다리며 엎드린 꽃게처럼 사람들 모두
결국에는 죽음으로 내몰릴 테지만
그때 담담히 자기 생生의 모든 것을 지우려는 사람

몇이나 될까

무언가를 남기기 위해 분주한 사람들 발꿈치 아래
바다를 버리고도 의연한 꽃게가
열 개의 발을 오므리며 합장을 한다

동진강에서

어쩌다 오늘 다시 이곳에 왔다
끝없는 들판 한 가운데
甲午年 東學혁명의 흉터처럼 깊이 패인
동진강
그 해 몹시 추운 겨울날
미친 듯이 달려와
언 새벽 강물에 뜨거운 눈물 쏟았었지
숨 막히는 七十年代가 막 시작되고
세상 어느 곳에도 둥지를 틀지 못한 서러움에
독한 술을 마셔도 취하지 않던
겨울 동진강
변산에서 불어오는 눈보라를 맞으며
마구 소리를 지르던 세월
어느새 삼십 년을 훌쩍 건너 뛰어
저무는 늦여름
바닥 드러난 동진강가에 우두커니 서 있다
답답하기는 그때나 지금이나 마찬가지

부질없는 삶에 연연한 날들은
강물보다 빠르게 흘렀고
내 존재는
숫자로 표기된 주민등록증으로만 남았다

막막했던 젊은 날의
그 겨울 새벽 동진강이나
이 늦여름 저물녘의 동진강은
천천히 들판을 가로질러 西海로 간다

나는 그런 놈이다

옥수수 밭에
심지 않은 메 싹 하나 움트더니
옥수수 하루 클 때
사흘만큼씩 자라
자고 나면 옥수수 그 여린 잎사귀
시신을 묶듯 동동 감아 올린다
홀로 서지도 못하는 주제에
하늘까지 오르려는 무서운 욕망

나는 보았다
험한 시절일수록
제 몸뚱이 하나 가누지 못하는 자들이
남의 등을 타고 올라
메꽃처럼 환하게 웃는 것을

그때마다 나는
눈물을 보지 않으려 눈을 감고

비명을 듣지 않으려 귀를 막았다

그러고도 오늘
아무 부끄럼 없이
질긴 생명을 노래하며
메 싹 덩굴 속 옥수수를 따서
그 알갱이 하나씩 입에 넣는다

그 겨울의 우울한 삽화揷話

1.

 그 해 겨울은 유난히 추웠다. 즐겁지 않은 마지막 겨울 방학. 얼음 치기도 연 날리기도 상급학교 가는 애들의 빛나는 교복 단추 생각을 하면 시시해졌다. 아버지와 어머니는 새로 장만한 산비탈 앉은뱅이 보리밭 거름 걱정만 하셨다. 입담 좋은 아버지가 밤마다 동네 어른들을 사랑방에 불러 모아 대학생들에게 쫓겨난 늙은 대통령과 혁명 공약을 외치는 검은 안경 낀 깡마른 군인 얘기를 길고 긴 삼국지처럼 풀어놓을 때마다 어머니는 짜디짠 동치미를 양푼 가득 들이 밀었다. 밤이 이슥하도록 동치미 한 양푼 찬물 몇 동이를 거덜 낸 마실꾼들이 돌아간 뒤 방문 앞 오줌통엔 오줌이 그득했다. 아버지, 제발 오줌통에 오줌 차는 것만 좋아하지 마세요.

2.

 고드름이 매달린 양지쪽 추녀 밑에 튀밥 튀기는 영감이 찾아왔다. 검댕이 묻은 코를 훌쩍거리며 등걸불을 괄게 지피고 튀밥 기계를 돌리다가 뻥 터트릴 때마다 거미 알처럼 흩어졌다 모이는 아이들. 때 묻은 손엔 어느새 튀밥이 한 움큼씩 쥐어 있었다. 쌀이 이렇게 크다면 얼마나 좋을까. 만삭이 다 된 건너말 새댁이 뻥 소리에 놀라 배를 감싸며 사라진 뒤 아이들은 하루 종일 그 흉내를 내며 깔깔댔다. 어머니를 졸라 겨우 얻어낸 쌀 한 되. 한 말을 만들어 의기양양 돌아올 때 새로 산 중학생 가방을 흔들며 지나가는 차부 집 아이와 마주쳤다. 튀밥 자루가 싫어졌다.

3.

석유 다 닳는다, 불 끄고 어서 자거라. 어머니는 가늘게 째든 삼 타래를 밀치며 말씀하셨다. 황토벽에 흔들리는 부스스한 그림자가 동화책에서 본 마귀할멈 같았다. 중학교도 못 가면서 책은 읽어서 뭐하니. 繡를 놓던 누님들이 눈을 흘기며 약을 올렸다. 석유 등잔불 가까이 앉으려고 나는 매일 밤 누님들과 다퉜다. 시집도 안 가면서 수만 놓으면 뭐해. 투덜거리면서 잠자리에 들었다. 봉창밖엔

마른 바람에 서걱대는 댓잎들. 대밭에서 잠자는 참새들은 추워서 어쩌나. 이불 속을 파고들면서 나는 걱정했다. 겨울밤이 아주 느리게 가고 있었다.

4.

 이발소 나무의자에 앉아 머리를 깎았다. 상고머리로 깎아 주랴? 뻐드렁니 이발소형이 히죽 웃었다. 아뇨 빡빡 밀어 줘요 나도 중학교에 간다고요. 크게 소리 질렀다. 아까부터 금 간 거울 앞에서 뽀마드 칠갑한 머리를 빗던 방앗간집 형이 힐끗 돌아봤다. 야, 느이 누나가 영화배우만큼 예쁘냐? 씨팔, 귀싸대기 때린 손모가지 똑 부러지기나 해라. 어제 저녁때 우리 집에 놀러 와서 누님들과 시시덕거리다 아버지에게 당한 분풀이였다. 거울 위에 나란히 걸린 여배우 사진들이 소리 없이 웃었다. 거울 속 저쪽 창문 너머 뿌옇게 날리기 시작하는 눈발들. 나는 볼을 만지며 이발소를 나왔다. 아! 기분 좋아라 저 함박눈.

5.

너는 서당이나 댕겨라 그래야 축문祝文도 짓고 지방紙榜도 쓰느니라. 신문지로 풍년초를 말으시며 아버지는 점잖게 말씀하셨다. 싫어요 싫어요 맴도는 말을 입안에 옥물고 건넌방으로 왔다. 앉은뱅이책상 위에 가지런히 놓인 6학년 2학기 책들. 흐리게 보였다. 누님들이 벽에 촘촘히 붙여준 상장과 아는 게 힘이라는 좌우명을 하나씩 떼어냈다. 아는 건 힘이 아니고 어른이 힘이고 부자가 힘이야. 쑥쑥 자라서 어른이 되고 부자가 되고 싶었다.

6.

또 연심이네 마실 가지? 나도 따라갈 테야. 수틀을 챙기는 누님들 곁에 바싹 다가섰다. 아니야, 이장네로 라디오 연속극 들으러 간다. 작은 누님이 안방의 아버지가 들리도록 크게 말했다. 그러나 나는 알고 있다. 서울로 식모살이 갔다 돌아온 연애쟁이라고 소문난 과붓집 큰딸 연심이네 가는 것을. 누님들은 오늘밤도 집에서 조금씩 훔쳐 온

쌀로 떡 추렴을 할 게 분명했다. 날마다 보리방아 길쌈에 닦달질 당하면서도 점점 예뻐지는 누님들. 밤을 똑 새우며 봉황과 목단을 수 놓아 무엇에 쓸까. 쌩- 쇳소리를 내는 겨울바람. 처녀들을 불러내는 떠꺼머리총각들 휘파람 소리 같아 기분 나빴다.

7.

아버지가 누님들의 머리채를 잡아챘다. 이년들 또 그 집 밤 마실이냐 다리몽댕이를 분질러 놓을라. 훌쩍이는 누님들 어깨 너머로 어머니가 참견하고 나섰다. 그렇게 장승처럼 섰지 말고 어서 나가 고구마엿 솥에 장작 지피고 두부 하게 콩 갈아라. 아! 그러고 보니 설날이 얼마 안 남았구나. 설이 오면 무엇하나 겨우 한 살밖에 더 못 먹는 걸. 하얀 쌀떡국도 깨강정도 반갑지 않았다. 졸업도 하기 전에 누구는 읍내 중국집 짜장면 배달하러 가고 누구는 자전거포 조수로 간다고 자랑했다. 애기지게를 맞춘 애도 있었다. 눈앞은 온통 눈이 올 것 같은 흐린 하늘. 나는 밤

마다 꿈을 꿨다. 붙잡는 아버지와 어머니를 뿌리치고 이 지긋지긋하게 춥고 긴 겨울로부터 탈출하는 꿈을. 넓고 푸른 하늘로 높이 비상하는 꿈을.

냉이꽃

참으로 모질기도 하구나
오고가는 길섶에
밟혀 죽은 줄 알았더니
겨우내 얼어 죽은 줄 알았더니
납작한 이파리마다
어느새 푸른빛 띄우고
모가지 길게 뽑아
눈물겨운 밥사발 가장자리 눌어붙은
밥풀 같은 꽃잎
몇 개 달고
天下의 봄을 호령하는
너는

만추晩秋

피를 토하며
짧은 가을 해는 산을 넘었다

희미한 어둠 속에서
숨 죽여 울던 개울물소리가
점점 커진다

흰 두루마기를 즐겨 입으시던
생전의 아버지 모습이 틀림없다

서둘러 등불 켜는 마을 향해
손을 흔드는
저, 갈대꽃

등꽃

초등학교 뒷문 앞 구멍가게 할머니는
등나무가 못마땅하다
옛날엔 코 묻은 돈푼깨나 만졌지만
폐교를 앞둔 지금은 개점휴업
집안 일이 술술 풀리지 않는 것을
배배 꼬인 등나무 탓으로 돌린다

마늘밭 매러 품팔이 간 며느리가
돌아오지 않는 밤
등꽃 환하게 불 밝힌 꽃그늘 아래서
등 꼬부리고 앉아 열무를 다듬는 할머니는
혼자된 며느리 소문이 안 좋은 것도
얼기설기 망측하게 끌어안은 등나무 탓이라
또 욕을 해댄다

어미 앞에 먼저 간 자식이 심은 등나무
차마 베어 내지 못하고

무더기로 핀 등꽃 송아리를 바라보며 한숨을 쉰다
그때마다 파르르 떨어지는
연보라색 꽃잎 위로 겹쳐지는
손자 녀석 얼굴
흐린 눈으로 마을길을 바라봐도 인기척은 없고
할머니 흰머리 위에 매달린 등꽃들
이리저리 흔들리며 봄밤을 희롱한다

또 못자리를 하며

고루 싹튼 볍씨를 뿌리면서
벼이삭 출렁대는 가을 들판을 생각한다
희망은 이런 것이다
가슴 벅차는 기쁨에 겨워
고달픔을 잊는 것
어김없이 봄은 와
또 못자리를 하면서도 마음이 무겁다
북녘 땅 어디선가 끼니를 못 때운 사람들
들로 산으로 헤매 다닌다는데
쉴 참에 흰쌀밥 한 사발이 죄스럽다
그들도 지금쯤 못자리를 할까
차마 볍씨만은
차마 먹지 못하고
허기진 배를 안고 희망을 뿌릴까
긴긴 봄날
이 나라 산천 가득
진달래꽃 활활 꽃불 타는데

무슨 매듭 그리도 단단히 맺혔기에
얼굴 마주하고 서로 편하게
밥 한 사발 나누지 못하는 걸까

올 가을 북에도 남에도 풍년을 고대하며
고루 싹튼 볍씨를 뿌린다

망령

노망이 벽에 분糞칠한다
삭히지도 못하면서 소래기로 먹은 밥
며칠 묵혔다 한꺼번에 쏟아내는
허랑한 세월에
온 집안이 퀴퀴하다

망령이 밭 맨다
신들린 호미 자루가
참깨 들깨 들볶아 뽑고
쇠비름 참비름 북 준다

망령이 쉴 참 먹는다
개밥을 손으로 집어 먹는다
참다 못해 늙은 며느리
시어미 방에 가두고 꽝꽝 못질하며 운다
때 맞춰 찾아온 딸년 앞에서
수의壽衣를 꺼내 입고

들춤 추는 망령
뉘엿뉘엿 해 진다
한 세월이 무너진다

며느리밥풀꽃

붉은 꽃잎주머니 끝에 매달린
밥풀을 만지며 그녀는 중얼거린다
배곯으니까 사랑도 뭣도 다 소용없습디다
이제 배고프지도 않고 며느리도 아닌 그 여자에게
조랑조랑 매달린 눈물주머니는
지난날을 가둔 시간의 곳간이다
한때 꽃처럼 붉었던 몸의 기억이
그녀를 꽃 앞에 세웠다
나는 시들어 가는 그 여자에게 며느리밥풀꽃 전설을 들려주고
그 여자는 며느리 설움을 얘기했다
흙에 심나요
아닙니다 허공에 심으십시오
허공에 심으면 뿌리를 내리지 못할텐데요
어차피 고단한 삶들은 뿌리를 내리지 못하고 생을 마감하지요
고단해도 꽃을 피울 수만 있다면 좋겠어요

시간을 다시 찾으려고 안간힘을 쓰던
며느리도 시어미도 여자도 아닌 여자가
며느리밥풀꽃 꽃잎주머니 속으로 들어간 뒤
꽃잎은 더욱 붉어지고
나는 꽃잎주머니에서 며느리들의 애기보따리를 자꾸
꺼냈다
배고프지 않은 며느리들이 웃으며 지나갔다

똥

한 사발의 밥을 먹고 누는
한 덩이의 똥
반드시 흙에 누어야 되리

그 똥
맛난 밥이 되어
살찐 흙
우리에게 고봉밥 한 사발 담아 주리니

밥이 똥이고 똥이 흙이고 흙이 밥이고
그 밥
달게 먹고 땀 쏟는 사람
비로소 흙을 닮은 사람 되리

보석

연두색 녹두
염소똥 같은 검은콩
흰팥 붉은팥
알록달록한 동부가
가을마당을 예쁘게 색칠했다

점심나절
여호와의 증인 전도 부인들이
어머니를 상대로 한바탕 설교하면서
저어주다가 허탕치고 돌아가고
오가는 사람들 잘 영글었다며
한번씩 만져 보고

몸 가벼운 어머니가
하루 온종일 젓고 저어
반들반들해진
저 황홀한

제3부

못자리 하던 날

앞산 진달래 혼자 붉어 혼자 지고
황사 바람 속 울던 뻐꾸기 어디론가 날아갔다
일터 잃은 사람들 한숨이 거리를 메우는 오늘도
신문을 꽉 채운 구역질나는 정치 놀음
밭둑 개나리마저 노랗게 질렸다

빼앗지도 뺏기지도 않는 그런 땅에서
더불어 살고 싶은 날
논 한 배미 있는 게 얼마나 황송한지
그 고마운 땅에
볍씨 한 움큼씩 뿌리면서
이 어린것들이 캄캄한 세월 틈에
어찌 뿌리 내려 자랄까
근심되는 하루
누런 들판 참새 떼 쫓는 행복을 꿈꾸면
고달픔도 잠시 잊을 수 있었다

새참 때
옛날처럼 싸라기를 빻아
쑥 개떡을 빚어 내오신 어머니는
무논 넘치는 개구리 울음은
마른 봄 판 배곯아 죽은 어린 넋이라 하시며
눈시울 붉히는 저만치
四月, 답답한 마파람
구부러진 논둑에서 쉬엄쉬엄 불었다

분신하는 봄

묵은 짚단을 태우다
덩달아 분신하는 농부
희망을 버렸으므로
한갓진 저 늙은 농부의 육신이나
알곡이 털린 짚단이나
가볍긴 마찬가지다

춘설春雪이 까불며 한참 내리고
바람이 햇빛을 흔드는
이른 봄 들판

날은 저물고 연기도 사그라질 때쯤
푼수 없는 달이
덩실 떠오른 논둑에서
예전에 달거리가 끝난 아낙이
그슬린 봄을 부축하여
비틀비틀 걸어오고 있다

부부

하루 종일 별 말이 없다
풀 뽑는 손만 바쁘고

싸운 사람들 같아도
쉴 참엔 나란히 밭둑에 앉아
막걸리 잔을 건네는 수줍은 아내에게
남편은 멋쩍게 안주를 집어준다

평생 사랑한다는 말 하지 않고도
자식 낳고 곡식을 키웠다
사랑하지 않고 어찌 농사를 지으며
사랑 받지 않고 크는 생명 어디 있으랴

한세월을 살고도
부끄러움 묻어나는 얼굴들
노을보다 붉다

물꼬 싸움

누구 맘대로 물꼬 돌려놨느냐고
그럼 혼자 모 심어 먹고 살 거냐고
사돈 간에 입씨름이 붙었습니다
오월 긴 하루
불덩이 해는 논바닥에 떨어져
흙을 볶아대고
급기야 이놈 저놈 멱살잡이까지 합니다

어허, 이제 비 오시게 생겼네
물꼬 싸움들 하는 걸 보니
아녀, 아직 멀었네
찔레꽃샘 하려면
저기 밭둑 찔레꽃이 다 져야 비가 온다니까
슬슬 웃으며 구경하던 이웃들 싸움을 말립니다

집 이웃보다 논 이웃을 잘 둬야 한다더니
저런 물건도 사돈이라구

저런 것 낳고도 미역국 처먹었을 겨
서로 종주먹대다 악담을 퍼부으며 돌아가는 논길
소 내장 같은 뻘건 호스가 어지럽게 널려 있고
마른 논바닥엔
개망초꽃이 활짝 웃고 있습니다

별꽃풀을 아시나요

가을에 튼 어린 싹
엄동 넘기더니
입춘 지나기 무섭게
다닥다닥 꽃 피운다

청천 하늘에 잔별두 많구요
우리 밭에는 지슴두 많구나

며느리 게으르다고 구박할 때마다
요긴하게 써먹었다는
별꽃풀
우리 집 여자 호미 들고 나설 때마다
이놈의 지긋지긋한 나이롱풀, 월남풀
희한하게 작명도 잘 한다

풀이름이
별꽃풀이란 내 말 척 받아

염병할 놈의 별풀인지 별꽃풀인지
꼴같잖은 게 이름은 예쁘네
징글징글한 웬수 덩어리

세상에서 가장 아름다운 노을

1.

구구단을 못 외워 종아리를 맞은 그날도 학교에서 돌아오자마자 보리밭에 불려 나갔다. 보리가 익어 세상이 온통 누렇게 물든 그해 여름. 무당집 뒤란 빨간 물앵두가 혼자 익어 물러 터져도 뒷산 떡갈나무 숲이 꿩알 천지여도 꺼내러 가지 못했다. 보리 이삭 안 주우면 저녁 굶는 줄 알어, 낫을 쥔 아버지의 굵은 팔뚝 힘줄이 씰룩거렸다. 나는 보리 이삭을 주우며 부어터진 입으로 형들이 가르쳐 준 나이롱 구구단을 외웠다. 칠칠은 뻥끼칠, 팔팔은 곰배팔, 구구 삐약삐약, 개씹에 보리꺼럭.

2.

보리 베던 어른들이 예배당 앞 신작로를 향해 달렸다. 새끼줄로 허리 도막을 묶인 福子아베가 개처럼 질질 끌려 다녔다. 침을 흘리며 흙먼지 뒤집어 쓴 얼굴. 누군가 회초리로 찰싹 갈겼다. 잠들면 죽어, 잠 못 자게 때리면서 끌고 다녀, 아버지가 소리 질렀다. 채송화 꽃잎 같은 핏방울이 벗겨진 팔꿈치와 무르팍에서 뚝뚝 떨어졌다. 설익은 복쟁이를 먹었디야, 오메 - 산송장이네, 길옆 아낙네들이 찔끔거렸다. 예배당 나무 십자가 위에서 내리쬐는 땡볕에 버즘나무 이파리가 축 늘어진 여름 한나절. 흘러내린 괴춤 사이 북통처럼 부은 복자아베 뱃가죽엔 회초리 자국이 선명했다. 오줌까지 쌌네, 개복숭아보다 큰 저 배꼽 좀 봐, 어느새 모인 아이들이 속닥이며 킬킬댔다. 나는 웃지 않았다.

3.

어른들은 독이 든 줄 뻔히 알며 왜 복쟁이를 먹을까. 예배당길 신작로를 세 번이나 끌고 다녀도 복자아베는 깨어나지 않았다. 죽음을 부르는 잠에 빠져 이따금 짐승 앓는 소리를 낼 뿐. 이미 복자아베 영혼은 보리밭 너머 어딘가로 흘러가고 있었다. 바람결에 흔들리는 누런 보리 이삭들이 곡哭하며 절을 하는 상주의 삼베옷 자락 같았다. 피범벅이 된 몸뚱이에 매질을 당하며 죽음과 싸우는 복자아베. 죽고 사는 일 모두가 고통이라는 걸 어렴풋이 느꼈다. 복자 지지배는 어디 가서 여태 안 나타날까. 즈이 아버지가 다 죽어 가는데. 아버지는 나귀 타고 장에 가시고 할머니는 돌떡 받아 머리에 이고 고추 먹고 맴맴……단발머리를 팔랑대며 고무줄을 할 때 고운 목소리로 부르던 노래가 귀에 쟁쟁거렸다.

4.

어느 순간 복자아베가 잠꼬대처럼 중얼거렸다. 아파, 때리지마 - 죽음에서 도망쳐 나온 겁에 질린 목소리였다. 이젠 살았네, 환호하는 어른들을 복자아베가 눈물 가득 고인 희멀건 눈동자로 찬찬히 둘러볼 때 복자가 달려와 울음을 터트렸다. 웃고 있는 어른들이 믿지 않았다. 해가 설핏 기울어 사람들이 하나 둘 흩어질 무렵 예배당 서쪽 하늘부터 붉게 번지기 시작한 저녁북새. 순식간에 보리밭을 지나 앞산 뒷산 온 동네를 빨갛게 색칠하더니 우두커니 서 있는 복자아베 가랑이 사이 얼비친 베잠방이 속 축

늘어진 불알마저 붉게 물들였다. 나는 보릿단 뒤에 숨어 손을 꼭 잡고 저녁놀 속으로 걸어가는 두 사람을 지켜보며 작은 목소리로 구구단을 외웠다. 칠칠은 사십구, 팔팔은 육십사, 구구 팔십일,

술덧

맨 정신엔
입에서 군내가 나도록 말수가 없어도
술 한 잔 걸치면
이놈의 세상 내가 찍소리 않는다고 죽은 줄 아느냐
이까짓 농사 때려치운다고 죽을 줄 아느냐
동네가 떠나가라 고함치는
내 친구 술텀뱅이
오늘도 마당가 감나무 아래서 술덧을 합니다
감꽃 지고 잎 그늘 무성하면
이 사람 불러 기분 좋아 술타령
저 사람 잡고 홧술타령
하루걸러 술판을 벌이다가 저 혼자 취해
감나무에게 시비를 걸고 오줌을 깔기다 잠들면
감나무,
농사꾼 재산인 몸 상한다며
어서 술 깨라고 감잎으로 부채질 해줍니다

여름 내내 그 술주정 다 받아 주다
덩달아 술 취한 감나무
가을 깊어 가자 불콰한 얼굴로
지는 해를 향해
네가 붉으냐 내가 붉으냐 묵은 술덧을 합니다
가지가 찢어지게 홍시를 매달고 요란을 떨어 쌓더니
서리가 하얗게 내린 아침
술텀뱅이 내 친구 앞에서
철퍼덕 철퍼덕 얼어 터진 몸뚱이 땅에 태질하며
술주정 부립니다

아내

풀은
아내의 땀으로 자라는지
뽑은 자리 돌아보면 어느새 무성한 숲
풀뿌리에 지친 호미질 끝
이 여름 다 가도록
바다보다 깊은 콩밭 가운데서
백로처럼 움직이던 수건 쓴 머리
땀에 전 까만 얼굴
아내가 보이지 않는다

민들레 꽃씨처럼 가벼운 몸
三伏 불볕에 녹아
아득한 우주로 증발 했는가
땅 속 깊이 스며들었는가
돌아오지 않아 찾아 나선
어스름 밭고랑
일년 내내 거친 손

분신으로 남은
닳고 닳은 호미 자루 옆

아내는
쇠비름 노란 꽃으로 가녀리게 피어 있다

아버지와 감나무

내 나이 스물다섯
아버지 나이 예순
그 봄
감나무 한 그루 심었다

늦게 농사일 배우는 나처럼
어린 감나무 힘들게 뿌리 내려 버텼지만
살아생전 따먹지도 못할 감나무
텃밭 그늘 만들어 곡식 망친다며
가을이 오기 전에
아버지는 낫으로 싹둑 잘랐다

그 이듬해
오기로 피워 올렸던 새순

벌써 스무 해 째
가지 찢어지게 감 열린다

할아버지 제삿상에도 올리고
군입거리 노릇 톡톡히 하는 홍시
드시기 알맞게
여든 다섯 아버지
이빨 다 빠졌다

예나 지금이나

오래되지 않은 옛날
꽃들도 화창한 봄볕 아래
고을 원님 행차시
수렁배미에서 이랴 자랴 써레질하는
흙투성이 농투사니를 보았것다
하도 신기하여 아랫것을 시켜
저어기 저놈도 계집이 있나 물어 보렸다
계집은 물론 새끼까지 여럿 있다 하옵니다
고을 원님 왈
그 계집 눈이 삐었도다
저것도 사람이라고 쯧쯧

얼마 후
또 다른 원님 행차시
뙤약볕 아래 김매는 중늙은이를 보고
그대는 물론 계집이 있으렷다
아직 장가를 가지 못했다 이르자

요렇게 공기 좋고 물 좋고 살기 좋게 만들어 줬는데
시집들을 안 오다니
요즘 계집들 다 눈이 멀었도다 쯧쯧

익모초

구월 초아흐레 지나고
첫서리 오기 전
어머니는 홍주사*에 가서 불공을 드리고
절집 근처에서 익모초를 한 자루 뜯어 오셨다
볕 좋은 날 그늘에 말린
익모초
몸이 냉한 여자의 입술 같은 푸른 잎과
폐경이 가까운 여자의 마른 이슬 같은 자주색 꽃에서는
가슴이 타는 어머니의 쓴 냄새가 풍겼다

여자는 어미가 되어야 여자니라
뱃속에 들어선 생명은 애가 아니라 부모니라

오이꽃처럼 노랗게 뜬 얼굴로
친정에 들락거리던 누님은 그해 겨울 내내
금계랍보다 쓴
어머니를 먹고 여자가 되었다

여자의 여자가 또 어미가 된 세월
몸에선 온기도 냉기도 돌지 않고
달마다 피던 이슬의 기억도 희미해진
아주 오래 묵은
익모초 한 그루
가을볕 아래서 여전히 어미 노릇을 하고 있다

  * 홍주사 : 태안 백화산 자락의 작은 사찰

입동 무렵

가을걷이를 끝낸 허수아비들
하릴없이 차부 근처 주막에 앉아
애꿎은 시간들을 죽인다
추곡 수매를 하느니 마느니
수매량을 늘리느니 마느니
해마다 이맘때면 되풀이되는 뻔한 말장난에
해댈 욕설도 바닥난 지 오래
똥금 김장값이 자세히 실린 농민신문을 구겨 깔고 앉아
꼬깃꼬깃한 잔돈을 꺼내 막걸리 잔을 돌린다
첫눈이 오려는 하늘처럼 잔뜩 으등거린 얼굴로
올 농사 얘기는 쏙 빼고
김가네 막내 아들놈이 대학 들어간다면서
박가네 딸내미 대사가 낼인가 모랜가
뻔히 알면서도 묻고 또 묻는다
오랜만에 장 구경나선 아낙들 자루 보퉁이를 보고
황소 부랄 떼서 팔러 가느냐고 우스개를 던져도
웃는 사람 하나도 없다

허긴 쭈그러진 얼굴이 웃음이고 울음이다
젊은것들 다 도시로 나가고
낡은 집에 늙은이들만 남아 이 가을 죽게 거둔 곡식
학비로 전셋돈으로 몽땅 올려 보내는
저 눈물나는 사랑은 어디서 오는 걸까
나절 한참 막차마저 떠나고
박가네 딸내미 대사에 쓸 돼지 먹따는 소리에
내장이나 한 점 얻어먹을까 하고 모두 자리를 뜨면
입동바람에 풀 죽은 햇빛
서리 맞은 과꽃 주위를 서성거리는 썰렁한 마을
누구네 집에선가 젓국 달이는 냄새만
그윽하게 마을을 채운다

장군은 될 수 있다

닭 모가지 하나 제대로 비틀지 못했다
눈썹 치켜 올려 큰소리 한 번 못 치고
하늘의 뜻을 따라
누리 가득 곡식을 키웠어도
이유 없이 천대받은 세월
눈이 아프도록
눈물 참을 때는
세상 빙빙 돌 때까지
꽹과리 장단에 열두 발 상모를 돌렸다

입술 두툼하여 사람 위에 못 서고
정이 헤퍼 장사치는 꿈도 안 꾸었다
그저 속임 없는 땅을 뒤져
얻은 한 톨
눈뜨고 잃어버려도
침묵한다고 짓밟지 마라
침묵은 인내일 뿐 굴종이 아니다

甲午年 녹두꽃이 떨어질 때
죽창 들고 내 땅 아닌 우리 땅 찾던
농투사니 서러운 넋
지금도 바람 속에 울부짖는다
농사꾼은 다른 건 못 되어도
장군은 될 수 있다고

폭설

눈 퍼붓는다
사흘 밤낮
찾아올 사람도 기다리는 사람도 없는데
잘 됐다 길 끊어져라

아름다운 나타샤와 흰 당나귀 우는
눈 덮인 자작나무 숲으로 간 시인이 부럽다

낮술에 취해 남몰래 읽는
옛날 연애편지
주고받은 순정은 눈같이 희다

희미한 글자들 위로
눈은 자꾸 쌓여 지나온 길 지워지고
생각마저 끊어진 마음
앙상한 겨울나무 되어
눈 속에 갇힌다

제4부

호두

푸석한 몸뚱이 속에
단단한 말들을 숨기고 있다니
내숭이 어지간하다

양각과 음각의 상형문자象形文字
하늘과 땅만 풀 수 있는 기호記號다

생명의 씨를
보호하기 위해
때론 늘어졌다
때론 팽팽히 긴장하는
부랄 같은

개망초 편지

내 고향은 북아메리카
너희 나라 겨레끼리 전쟁을 할 때
대포나 총알상자 틈에 묻어 와
이 땅에 자리 잡았네

내 고향은 북아메리카
너희 나라 백성들이 똥구멍이 째지게 가난할 때
원조물자 밀이나 옥수수 틈에 끼어 와
이 땅에 자리 잡았네

이 땅에 자손을 퍼트린 지 반백 년
내 조국 북아메리카가 부여한 임무를 잊지 않고
묵는 땅에 어김없이 뿌리를 박고 꽃을 피웠네
밀가루가 쌀을 몰아내는 그날을 기다리면서
대한민국 전 국토가 흰 꽃으로 뒤덮을 날을 꿈꾸었네

오! 아름다운 대한민국

영원한 나의 땅
나의 식민지여!

드디어 기다리던 내 세상이 왔네
산비탈 보리밭에서 하늘바라기 뙈기논으로
야금야금 내 영토를 넓혀 왔는데
이제는 넓은 들판 묵는 논에 당당하게 개망초꽃을 피우며
쌀을 내몰 수 있게 됐으니
조국을 떠나올 때 은밀히 부여받은 임무를 완수하게 됐네

내 고향은 북아메리카
나는 대한민국이 좋아 귀화 했네
흰옷을 즐겨 입던 이 나라 백성들처럼
유월 들판을 흰 꽃으로 뒤덮으며
기구한 이 나라 운명을 서러워하는

나는
개망나니 개망초

즐거운 빚잔치

아무도 슬퍼하거나 위로하지 않았다
슬레이트지붕 골골마다 푸른곰팡이 끼고
금 간 블록 담장 너머 개복숭아나무
진딧물 눌어붙은 볼썽사나운 집구석
빚 덩이가 주인이다

땅 뒤져 나오는 것보다
빠져나가는 게 많은 살림살이
이제 농사도 자본론을 읽으며 씨앗을 뿌리고
투자의 마당에서 타작을 해야 한다
땅은 돈푼깨나 있는 놈들 쪽으로 모이고
근력 놓친 눈 침침한 사람들은 끼리끼리 모여
쑥부쟁이 잡초들과 함께 세월이나 탓하다가
빚 얻어 공부시켜 도시로 머슴살이 보낸 자식에게
임종 전화를 거는 것 뿐

살아생전 간 떨어지게

빚 쪽지 날아오던 빈 대문간
하얀 국화 다발 몇 개 세워 놓고
씨알 굵던 감자밭에 차일을 치면
빚잔치는 절정이다

제 놈들이 아무리 지독해도
송장에게 빚 딱지는 못 붙이겠지
막걸리 기운으로 큰소리 탕탕 치며
웃고 떠드는 잔치 마당
오랜만에 마을이 환하게 살아난다

참새들이 비웃다

저 화상 좀 봐
쌀이 남아 지천이라는데
세상 돌아가는 꼴도 모르고
그 잘난 벼이삭 몇 개 키워 놓고
뙤약볕 아래 지키고 섰는
저 답답한 인간 좀 봐
산은 만산홍엽滿山紅葉, 이런 호시절好時節에
단풍놀이 가서 사람 노릇 한 번 못해 보고
하다못해 바람도 가벼우니
가까운 바닷가 푸른 물결을 보며
치미는 울화 술 한 잔으로 다스릴 줄도 모르는
저 맹문이 좀 봐
갈대꽃이 하얗게 날리는
들판 한가운데 말뚝같이 서서
꼭 저처럼
천대받는 벼이삭을 지키는
저 화상 좀 봐

천리포의 봄

봄날
천리포에는 바다가 없다
바다는 천리 밖 아득히 물러서고
대신 은빛으로 치장한 까나리 떼들이
백사장에 드러눕는다

알 밴 보름달을 밀어내고
칠흑같이 어두운 밤
주체하지 못할 욕정에 끌려
천리를 마다 않고 달려온 까나리 떼
백사장에서 일광욕을 즐기는 순간
사랑을 잃는다
다시 바다로 뛰어들고 싶어 눈을 크게 뜨지만
이미 몸은 바싹 말라비틀어지고
바다는 벌써 다른 사랑을 키우고 있다

봄날, 천리포 모텔은 대낮에도 붐빈다

항아리

자궁을 들어낸 여자가
푸른 김장밭을 하염없이 바라본다

강아지풀
톡톡 여문 씨
땅에 떨어트리고
해 짧아졌다

사랑받지 못하는
쓸모없는 날들은 계속되고
들어낸 자궁 속에 담긴 빗물
어느덧 썩어가는데

몸도 마음도 까맣게 탄 채
빈집의 하늘을
지키는 여자

장마 끝

젖은 콩 이파리
바람 한 자락에
후두둑 빗물 털고 난 뒤
서쪽부터 개어 오는 하늘
깊은 물두멍이다

눅눅함에 지친 꽃들
다시 웃고

야아 장마 밭 으드득 마르기 전 지슴 매야겠다
밭둑 머리 무성한 풀 쥐어뜯는
할머니 등 위로
허리 바짝 꼬부리고
꿀 붙은 채 날아가는
말잠자리
한 쌍

커다란 자루

 오늘 저녁도 흰쌀밥 한 사발에 무국, 잘 익은 배추김치, 곰삭은 젓갈, 노릇노릇하게 구운 전어, 콩나물 무침에 된장찌개를 꾸역꾸역 자루에 담고도 모자라 눌은밥 반 사발을 더 담았다. 나는 이 순간이 최고 행복하다. 오십이 넘도록 내가 한 일은 쉬지 않고 먹을거리를 자루에 담는 것과 행여 그 자루를 채우지 못할까 조바심하며 여기 저기 기웃거리는 일 뿐이었다. 푸성귀에서 뼈다귀까지 날것 익힌 것 가리지 않고 쓰다 달다 상관없이 맵고 짜고 시금털털한 것까지 이 세상 모든 것을 담아도 금세 갈아 삭혀서 비워내는 밑 터진 자루, 조그만 입구를 통하여 산을 허물어 담아도 바다를 막아서 채워도 늘 걸걸대는 탐욕스런 자루, 그 자루를 채우는 일이 고단하고 속상해서 때론 술을 가득 담으면 자루는 홀랑 뒤집어 뱉어내고 하루 종일 심술로 빈 자루를 구기고 비틀어서 다시 담을 것을 찾아 나서게 하는 무서운 자루, 사람살이가 자루를 가득 채우는 것만이 능사가 아니요 더함이 모자람만 못하다고 자루의 주둥이를 통해 구슬려 보지만 이 탐욕의 자루는 무조건

하루 세 끼 꼬박꼬박 자루를 채우라고, 그것도 모자라 새참에 야참까지 더 담으라고 조른다. 혹시 이 반복되는 지겨운 일에 내가 반란을 꿈꿀까봐 조금만 자루가 비면 고문을 시작하고 자루가 꽉 차면 남는 것을 남에게 퍼 줄까봐 슬슬 졸음의 덫을 놓고 내 배 부르면 그만이지 형제들 굶어 죽는 게 무슨 상관이냐고 꼬드긴다. 애초에 잘못 길들였다. 처음부터 조금씩 담아 자루의 크기를 줄였어야 했다. 오! 이 커다란 자루를 어떻게 주체하나. 언제까지 자루를 채우기 위해 허둥지둥해야 하나. 종당엔 낡아 터져 먹을 것을 담지 못하게 되어서도 자루 주둥이가 자꾸 채우라고 소리칠게 뻔한 끈질긴 자루. 지금 이 순간에도 자루가 조금 비었으니 어서 밥통에서 밥 한 사발을 꺼내 자루를 채우라고 주문한다. 나는 귀찮아도 할 수 없이 지긋지긋한 이 똥자루야! 똥집아! 욕을 해대며 자루에 밥을 담는다. 그런데 자루를 채우고 나니 신기하게도 자루가 고맙고 앞으로 더 고분고분해야겠다는 생각이 든다.

  나는 자루의 노예다. 길 잘 들여진 똥자루의 노예다.

큰 스승

자식한테 편지가 와도
세금고지서 청첩장이 날라와도 내게 가져왔다
가는귀를 먹었기에 큰 소리로 또박또박 읽어주었다
글자를 모르는 대신
농사만큼은 반듯하게 지으신 어른
우수, 경칩, 소만, 망종, 처서, 백로, 소설, 대설,
24절기 속에 몸을 넣고
해와 달과 바람과 비를 벗하며 평생을 살았다

세상에서 가장 무서운 것은 글자였다
징용 통지서 한 장에 일본으로 끌려가 죽을 고생을 하고
전쟁 통엔 내용도 모르는 종이쪽지 한 장에 갖은 매를
다 맞았다
사상도 이념도 모두 글자싸움으로 여긴
그에게 글자는 칼보다 총구보다 더 두려웠다

글자를 몰라도 자식을 낳았고

글자를 아는 사람보다 착하게 키웠다
곡식들은 글자를 모르는 그를 차별하지 않았다

죽음을 통보한 것도 글자였다
병원의 진단서 한 장으로 그는 죽음을 준비했다
꽃상여를 멜 이웃에게 기어이 품삯을 미리 주고
손수 입관에 쓸 황토를 곱게 쳐서 포장을 덮어놓았다
글자를 아는 자식들에게 유언장 대신 한 말은
음식 아끼지 말고 넉넉히 준비해라
이 한마디 뿐

임종 며칠 전 병실을 찾았을 때
못자리 잘 됐냐고 물으며 희미하게 웃던 어른
화창한 봄날 내가 멘 꽃상여를 탔다
봉분을 하고 착한 자식들은 한자로 새긴 비석을 세웠다
 나는 비문 대신 자식들이 보냈던 편지글을 되살려 속으
로 읽어주었다

그때 숲에서 뻐꾸기가 몇 번 울었다

태풍

엎드려 빌든지
당당히 맞서든지

죄 짓지 않고
사는 삶이 어디 있으랴
위안하며 변명하며
지새우는
불안한 밤

아름드리나무가
뚝 부러진다

목숨을 구걸하지 않는 생은 아름답다

흥정 마당

멀쩡한 물건마저
이리저리 흠을 잡고
세상 돌아가는 방식을
손바닥에 그리며 웃는 사람 앞에
품삯은 그만 두고
비료값 종자 값은 건져야 된다고
절박함으로 다가설 때
세상은 언제나 단단한 벽이었다
이래서는 안 된다고, 정말 안 된다는
목소리는 점점 작아지고
사방을 두리번거려 물어 볼 사람 찾아봐도
내 이웃은 늘 말이 없는 하늘, 땅, 바람,
네 맘대로 하라고
그저 구경만 할 뿐

헐값 밭떼기로 한 해 마을 농사
다 날려 보내고 아내의 옹알거림 뒤에

돌아서서 겨우 하는 말

농사꾼은

來年 때문에 속고 사는 거여

햇빛 한 줌

여기까지 오느라고 고생했다

잿빛 무거운 구름 뚫고
칼날바람에 꺾이지 않고
낮은 추녀 밑에
쭈그리고 앉아
마늘씨를 쪼개는
거친 손등 위에
잠깐 머물며
기죽지 말고 살라고
속살거리고
사라지는

□ 해설

'눈물'로 감싸안은 '희망'의 시편들

유성호(문학평론가 · 한국교원대 교수)

1. '농민시'의 이중주

정낙추 시집 『그 남자의 손』(애지, 2006)은, 최근 우리 시가 현저하게 망각하고 있는 음역(音域)을 선명하게 복원해내고 있다는 점에서, 그리고 태작이 거의 없는 한결 같은 집중력으로 구성되어 있다는 점에서, 우리의 시선을 강렬하게 붙들어맨다. 그는 태안에 살고 있는 농부이자 시인이다. 그로서는 첫 시집이 되는 이번 작품집은, 이러한 그의 구체적인 농사 체험과 그에 따른 불가피한 상처들을 채집하면서도, 그것들을 깊은 긍정의 눈으로 바라보고 있는 성과물이다. 여기서 우리는 한 시대의 주류 미학에까지 다다랐다가 최근 들어 급격한 담론적 소강 상태를 보이는 우리 시대의 '농민시'의 한 전형을 만나게 된다.

사실 우리 시사에서 '농민시'라는 범주는 신경림의 『농무(農舞)』(1973)에서 본격화한 이후, 김용택, 고재종에 이르러 한 절정을 보이다가 최근에는 이중기 등에 의해서만 간헐적으로 지속되고 있는 형편이다. 스러져가는 농촌 공동체에 대한 각별한 애정과 분노를 집중적으로 노래하고 있다는 점에서 이들의 시편은 우리 시사에서 확연한 계보를 이루고 있는데, 그 안에는 우리 근대사를 이끌어온 실질적 주체이면서도 지금은 최후의 자존심마저 잃어가고 있는 농민들의 삶과 고통 그리고 그에 대한 시인의 반응이 담겨 있다. 제국주의의 침탈이라는 외인(外因)과 대도시 집중이라는 내인(內因)을 가진 채로 이중의 식민지적 조건에 놓여 있는 우리 농촌 현실에 대한 선명한 애정과 분노는 그래서 이들 시편의 핵심을 이루게 된다.

정낙추의 시편들은 이러한 '농민시'의 보편적 속성을 한편에서 견지하면서도, 다른 한편으로는 근원적인 대지적 친화나 생명에 대한 경외 등 농민 특유의 긍정적 시심(詩心)을 품고 있다는 점에서 주목할 만하다. 우리는 그의 시편들을 통해 우리 농촌 현실에 대한 가없는 사랑과 분노, 그리고 희망과 절망의 이중주(二重奏)를 듣게 되는 것이다.

2. '눈물'과 '그리움'의 시인

시집 맨 앞쪽에 실려 있는 시편들은, 시인이 품안에 품고 있는 가장 근원적인 메시지를 함축하고 있다. 그것은 넉넉하고 따뜻한 대지적 긍정에서 발원하여, 생명에 대한 경이와 그 생명을 안아 기르는 섬세한 마음에 의해 완성되고 있다. 물론 이러한 마음의 움직임은 땀과 눈물로 얼룩진 구체적 '노동'을 바탕으로 하는 것이어서, 시집 전체 속으로 아련하고도 아프게 번져간다.

봉지 속에
한 사내가 있다
꽃 떨어지자마자 봉지 속에 유폐된 사내
얼마의 내공을 쌓았기에
독방에 갇혀서도
부처님 몸빛보다 더 찬란할까

봉지를 벗기자
눈부신 가을 햇살이 황금빛에 튕겨 깨진다

몸 안 가득 채운
단물은
사내의 땀방울이다 그리움이다
세상에 단 한 번도 내보이지 않고 고인

눈물이다

눈물이 매달린 배 나뭇가지 사이에서
사내가
잘 익은 자기 얼굴을 웃으며 따고 있다

—「득도得道」전문

  나뭇가지에 매달려 봉지로 감싸여 있는 '배'는 한 '사내'로 비유된다. 그 '사내'는 봉지 안쪽에 유폐된 채 오랜 시간 내공을 쌓아 찬란한 몸빛을 하고 있다. 그 점에서 황금빛을 두른 '배'가 득도(得道)를 이루어간 공간인 '봉지'는 오랜 시간의 축적을 이룬 일종의 '시간의 공간'이다. 그 시간 동안 사내는 봉지라는 독방에 갇혀 '땀방울'과 '눈물'과 '그리움'을 쌓으면서 '단물'로 익어간 것이다. 마침내 농부인 한 '사내'가 "잘 익은 자기 얼굴을 웃으며" 따는 풍경이 이어진다. 여기서 '사내'는 '배'가 되기도 하고 배를 따는 '농부'가 되기도 한다. 이처럼 자신을 스스로 따고 있기도 한 이 '사내'야말로 정낙추의 자화상이자, 눈물과 그리움으로 시간을 쌓고 기르는 농부–시인의 가장 구체적인 은유적 초상이라 할 것이다. 이처럼 시인은 '시'를 짓듯이, '집'을 짓듯이, '농사'를 짓는다. 그러니 그로서는 "사랑하지 않고 어찌 농사를 지으며/ 사랑 받지 않고 크는 생명 어디 있으랴"(「부부」)라고 할 수 있는 것이다.

> 아버지께서 갈꽃비를 만드신다
> 지난 가을
> 당신처럼 하얗게 늙은
> 갈대꽃을 한 아름 꺾어 오시더니
> 오늘은 당신 몫의 생애를
> 차근차근 정리하여 묶듯이
> 갈꽃비를 만드신다
>
> 나이 들어 정신도 육신도
> 가벼워진 아버지와 갈대꽃이
> 한데 어우러져 조용히 흔들린 끝에
> 만들어진 갈꽃비
> 평생 짊어진 가난을 쓸기엔 너무 탐스럽고
> 세상 더러움을 쓸기엔 너무 고운
> 저 갈꽃비로
> 무엇을 쓸어야 할까
>
> 서러운 세월 다 보내신
> 아버지의 한 방울 눈물을 쓸면
> 딱 알맞겠는데

아버지는 끝내 눈물을 보이지 않으신다

　　　　　　　　　　　－「갈꽃비」 전문

　시인은 이 시편에서 '아버지'를 등장시킨다. 이번 시집에서 시인은 자신의 아버지, 어머니, 아내 등의 가족은 물론 경험을 같이 나누는 이웃들의 삶을 충실하게 재현한다. 이 시편은 늙으신 아버지가 갈꽃을 꺾어 '갈꽃비'를 만드시는 모습을 담고 있는데, 아버지가 갈꽃비를 만드시는 풍경은 마치 "당신 몫의 생애를/ 차근차근 정리하여" 묶는 듯이 보인다. 나이가 들어서인지 '갈꽃'도 '아버지'도 모두 가벼워졌다. 그 가벼워진 육신과 정신이 "한데 어우러져 조용히 흔들린 끝에/ 만들어진 갈꽃비"는 아버지의 노경(老境)을 재차 비유한다. 그것을 가지고는 평생 아버지가 짊어져야 했던 가난을 쓸어버릴 수도 없고, 평생 대결해야 했던 세상 더러움도 쓸어낼 수가 없다. 그저 서러운 세월 다 보내신 "아버지의 한 방울 눈물"을 쓸기에 알맞을 뿐인 그 '갈꽃비'를 눈물도 보이시지 않으면서 묶고 계신 아버지는 그래서 우리 농촌을 지켜온 사람들의 비유적 상관물이 되기에 족하다. 아버지는 그처럼 시인에게 "흰 두루마기를 즐겨 입으시던"(「만추晩秋」) 모습과 함께 선명한 기억으로 부조(浮彫)된다.

　이처럼 시집 앞쪽에 실린 서정시편들은 정낙추 시인이 얼마나 간절한 '눈물'의 시인인가를 선명하게 알려준다. 우리는 흔히 박용래를 '눈물의 시인'이라 불렀거니와, 정낙추 역시 '눈물'을 가장 확연한 시적 바탕으로 삼고 있는 시인이라 할 것이다. 그는 세상살이를 힘겹게 감당하고 있는 뭇 타자들에게서도 그 같은 '눈물'을 발견하는데, 가령 "살아 백년 죽어 천년이 지나도/ 풀리지 않을 단단한 못 속에는/ 서러운 세월을 안으로 삭힌/ 땀과 눈물이 고여 있는"(「그 男子의 손」) 사내의 손에서 피어나는 두엄 냄새와 곡식 냄새를 맡는다든가, "저, 청둥오리처럼 한겨울에/ 파도리를 홀로 찾아와 운 사람"(「겨울 파도리」)의 생애와 "그 해 몹시 추운 겨울날/ 미친 듯이 달려와/ 언 새벽 강물에 뜨거운 눈물"(「동진강에서」)을 쏟은 사람의 아픔을 노래하는 데서 그 같은 그의 시인적 기질이 줄곧 발견된다. 결국 정낙추는 자신이 만나온 뭇 타자들의 생을 '눈물' 번진 눈으로 그리고 확연한 '그리움'으로 바라보는 시인이다.

3. 쓸쓸함과 식민성의 시적 증언

1970년대부터 본격화된 경제 개발 정책은 농촌의 소외를 필연적으로 동반하면서 전개되었다. 자연스럽게 농촌은 도시에 비해 상대적으로 낙후되기 시작하였다. 여기에는 물론 지속적인 도시 위주의 경제 정책, 정치 권력의 부패가 중요한 요인으로 작용하였다. 아울러 농산물 수입 개방을 요구하면서 압박을 가해온 국제 질서 변화도 농촌을 어렵게 하였다. '농민시'는 이러한 맥락에서 산출되고 유통된 역사를 가지고 있다. 스러져가는 농촌 공동체에 대한 회복과 탈환의 상상적 기획을 내장한 '농민시'는, 그래서 농민들의 경험적 구체성과 살아 있는 의식을 직접 담아내는 방향으로 나아간 것이다. 정낙추의 여러 시편은 그러한 속성을 두루 보여주고 있는데, 가령 다음 시편은 일종의 해학을 통해 가장 단정한 비극적 화첩을 그려 보인 사례일 것이다.

> 홑이불 같은 구름 헤치고
> 정월 대보름달
> 둥실 떠올랐다
> 연을 시집보내는 애들도 없고
> 지신地神 밟고 논둑 고사 지내는 어른도 없다
> 쥐불놀이 불빛도 보이지 않는다
>
> 부럼을 깨든 단단한 이빨들은
> 어디서 쓰디쓴 삶을 깨물고 있는지
> 귀 밝은 술 나 혼자 마신다
>
> 갈 테면 다 가고
> 뺏을 테면 다 뺏어 봐라
> 그런다고 내가 물러설 줄 아느냐

혼자라도 오곡밥 아홉 그릇 먹고
나무 아홉 짐 할 테다

하늘은 맑은데
흐린 눈으로 바라보는 보름달
물먹었다
올해도 물풍년은 틀림없겠다

― 「대보름」 전문

　정월 대보름달은 풍요 제의(祭儀)를 주관하는 농경 공동체의 자연적 상징이다. 그런데 대보름달이 떴는데도 시인의 눈에 들어오는 것은 흥성스러운 풍경이 아니다. "연을 시집보내는 애들도 없고/ 지신地神 밟고 논둑 고사 지내는 어른도" 없고 심지어는 "쥐불놀이 불빛"도 보이지 않기 때문이다. "부럼을 깨든 단단한 이빨들"도 쓰디쓴 각자의 삶으로 흩어지고 그냥 혼자서 술을 마시는 시인은 "갈 테면 다 가고/ 뺏을 테면 다 뺏어 봐라/ 그런다고 내가 물러설 줄 아느냐"라는 반어적 항거를 우리에게 들려줄 뿐이다. 역설적으로 들릴 수밖에 없는 이 같은 발화는, "혼자라도 오곡밥 아홉 그릇 먹고/ 나무 아홉 짐 할 테다"라는 '일당백'의 다짐으로 이어지면서 "흐린 눈으로 바라보는 보름달"을 불러온다. 일찍이 정지용은 그의 「유리창」에서 "물먹은 별"이라고 썼거니와,

여기서 '보름달'이 물을 먹었다는 표현 역시 시인의 눈에 글썽이는 눈물을 환기하는 것이다. 그 눈물의 글썽임이야말로 일견 호탕해 보이는 시인의 자기 다짐과 "올해도 물풍년은 틀림없겠다"는 당당한 진술을 쓸쓸하게 하고 있는 것이다. 그래서 이 시편은 농촌 풍경을 가장 사실적으로 담은 역설의 비가(悲歌)라 할 것이다.

이처럼 정낙추 시인의 시선은 "살아 숨쉬는 것 그 아무것도/ 키우지 못하는/ 황량한 들판"(「들판을 지나며」)을 깊이 응시하면서 "쌀이 남아 지천이라는데/ 세상 돌아가는 꼴도 모르고/ 그 잘난 벼이삭 몇 개 키워 놓고/ 뙤약볕 아래 지키고 섰는/ 저 답답한 인간"(「참새들이 비웃다」)들을 사랑과 쓸쓸함으로 바라보고 있다. 그러한 시선은 다음 시편에서 더욱 범주를 확장하면서, 일종의 사회적 맥락을 획득하고 있다.

> 내 고향은 북아메리카
> 너희 나라 겨레끼리 전쟁을 할 때
> 대포나 총알상자 틈에 묻어 와
> 이 땅에 자리 잡았네
>
> 내 고향은 북아메리카
> 너희 나라 백성들이 똥구멍이 째지게 가난할 때

원조물자 밀이나 옥수수 틈에 끼어 와
이 땅에 자리 잡았네

이 땅에 자손을 퍼트린 지 반백 년
내 조국 북아메리카가 부여한 임무를 잊지 않고
묵는 땅에 어김없이 뿌리를 박고 꽃을 피웠네
밀가루가 쌀을 몰아내는 그날을 기다리면서
대한민국 전 국토가 흰 꽃으로 뒤덮을 날을 꿈꾸었네

오! 아름다운 대한민국
영원한 나의 땅
나의 식민지여!

드디어 기다리던 내 세상이 왔네
산비탈 보리밭에서 하늘바라기 돼기논으로
야금야금 내 영토를 넓혀 왔는데
이제는 넓은 들판 묵는 논에 당당하게 개망초꽃을 피우며
쌀을 내몰 수 있게 됐으니
조국을 떠나올 때 은밀히 부여받은 임무를 완수하게 됐네

내 고향은 북아메리카
나는 대한민국이 좋아 귀화했네

흰옷을 즐겨 입던 이 나라 백성들처럼
유월 들판을 흰 꽃으로 뒤덮으며
기구한 이 나라 운명을 서러워하는
나는
개망나니 개망초

— 「개망초 편지」 전문

  시인은 우리 농촌의 식민성에 대해 깊이 성찰한다. 화자로 설정된 '개망초'는 "내 고향은 북아메리카"라면서 전쟁 때 들어와 이 땅에 자리잡은 역사를 들려준다. 그리고 반백 년이 지나 조국이 부여한 임무 곧 "밀가루가 쌀을 몰아내는 그 날"의 임무를 묵묵히 수행한다. "오! 아름다운 대한민국/ 영원한 나의 땅/ 나의 식민지여!"라는 진술은 극단적 과장으로 보이기도 하지만, 서서히 자신의 영토를 넓혀 "이제는 넓은 들판 묵는 논에 당당하게" 꽃을 피우면서 쌀을 몰아내는 데 성공함으로써 "조국을 떠나올 때 은밀히 부여받은 임무를 완수"했다는 진술로 이어지면서 우리 농촌의 뿌리 깊은 식민의 역사를 사실적으로 증언하게 된다. 그런데 마지막 연에서 '개망초'는 목소리를 바꾸어 "흰옷을 즐겨 입던 이 나라 백성들처럼/ 유월 들판을 흰 꽃으로 뒤덮으며/ 기구한 이 나라 운명을 서러워하는/ 나는/ 개망나니 개망초"라면서 일종의 자기 풍자를 보여준다. 이처럼 '개망초'가 맡은 이중의

배역(配役) 곧 침탈과 자조(自嘲)의 목소리는 우리 농촌에 대한 비극적 초상을 구성하는 두 가지 원리로 작동하고 있는 것이다.

결국 "빚 덩이가 주인"(「즐거운 빚잔치」)인 우리 농촌을 응시하면서 시인은 "甲午年 녹두꽃이 떨어질 때/ 죽창 들고 내 땅 아닌 우리 땅 찾던/ 농투사니 서러운 넋"(「장군은 될 수 있다」)을 떠올리기도 하고, "희망을 버렸으므로/ 한갓진 저 늙은 농부의 육신"(「분신하는 봄」)을 섬세하고도 선명하게 들려주기도 한다. "來年 때문에 속고 사는"(「흥정 마당」) 농사꾼의 삶을 사실적이고 쓸쓸하게 보여주는 그의 시편들은 그래서 "빼앗지도 뺏기지도 않는 그런 땅에서/ 더불어 살고 싶은 날"(「못자리 하던 날」)에 대한 비원(悲願)의 목소리를 담고 있는 것이다. 이처럼 정낙추의 많은 시편들은 우리 농촌의 쓸쓸함과 식민성을 시적으로 증언하는 데 줄곧 바쳐지고 있다.

4. 서사적 재현을 통한 '사람'에 대한 경의

또한 정낙추의 시편은 기층적 경험을 가지고 있는 사람들에 대한 풍부한 서사로 가득하다. 가령 「고린丸」이라는 작품에서 시인은, "능청맞고 의뭉스런 건어물 장사꾼 얼금뱅이"를 서사적으로 재현하고 있는데, 건어물을 사러 어떤 섬에 들렀다가 객줏집 여주인이 토사곽란이 들어 뒹구는 것을 보고 의원 행세를 하면서 발가락 사이에 낀 때를 긁어모아 콩알만한 환약을 만들어 먹여 낫게 한 얼금뱅이의 서사는 지금도 태안 지방에서 떠도는 가담(街談)이기도 하다. 또한 「개백정」이라는 작품에서는 "바느질보다는 들일을/ 푸성귀보다는 누린 것을 좋아했던 당숙모"가 산에 가서 나물을 하다가 마주친 누렁이 한 마리를 잡아와 "애들에게 노루를 잡았다며 그날 저녁 식구들 포식시키고 입단속을 잘 했는데" 그만 남편이 늘그막에 풍으로 누워 '개백정년, 아귀 같은 년'이라고 핀잔하여 들통이 났다는 재미난 이야기를 들려주기도 한다. 그런가 하면, 삼십여 년을 태안시장 한 귀퉁이에 눌러 앉아 조개 까는 여자의 입을 빌려 "그저 여자는 조개를 잘 팔아야지"(「조개 까는 女子」)라며 '조개'의 다의성에 근거한 서민적 해학을 보여주기도 한다.

글을 배우지 못했다
그러나 살아가면서 몸으로 글자를 익혔다
아주 천천히

이제 몸은 경전이 되었다
걸어가는 모습도 글자가 되어
앞으로 갈 때는 ㄱ자가 되고
누우면 ㄹ자가 된다

서툴게 익힌 글자가 서 있으면
자꾸 뒤로 꺾어진다
몸의 기억은 완고하여 한 번 습득한 글을
결코 놓지 않는다
죽을 때까지

가을걷이가 끝난 빈 들판에서
묵묵히 복습을 하는 사람들
아무도 읽어주지 않는
삐뚤빼뚤한 글자들을
첫눈이 지운다

—「모범생」 전문

 우리 농부들에 대해 이 시편만큼 애정과 사실성을 동시에 갖춘 시편도 드물 것이다. 그들은 비록 글을 배우지 못했지만 살아가면서 몸으로 천천히 글자를 익혔다. 그래서 그들의 "몸은 경전이 되었다". 몸으로 익힌 아니 몸이 바로 경전이 되어버린 그들은 모습 자체가 글자가 되어간다. 왜냐하면 "몸의 기억은 완고"하여 몸에 한 번 새겨진 글을 지우지 못하기 때문이다. 그들은 지금도 "가을걷이가 끝난 빈 들판에서/ 묵묵히 복습"을 한다. 그 "아무도 읽어주지 않는/ 삐뚤빼뚤한 글자들" 위로 첫눈이 내리고 있는데, 그들의 생을 두고 시인은 '모범생'이라고 못 박고 있다.

이러한 '모범생'들은 "결국에는 죽음으로 내몰릴 테지만/ 그때 담담히 자기 생生의 모든 것을 지우려는 사람"(「동행」)들이기도 하고, "아무 부끄럼 없이/ 질긴 생명을 노래하며/ 메 싹 덩굴 속 옥수수를 따서/ 그 알갱이 하나씩 입에"(「나는 그런 놈이다」) 넣는 이들이기도 하다. 또한 "밥이 똥이고 똥이 흙이고 흙이 밥이고/ 그 밥/ 달게 먹고 땀 쏟는 사람/ 비로소 흙을 닮은 사람"(「똥」)들이나 "똥금 김장값이 자세히 실린 농민신문을 구겨 깔고 앉아/ 꼬깃꼬깃한 잔돈을 꺼내 막걸리 잔을"(「입동 무렵」) 돌리는 이들의 삶도 '모범생'에 가까워진다. 그리고 그들은 시인에게 위대한 스승이 되기도 한다.

자식한테 편지가 와도
세금고지서 청첩장이 날아와도 내게 가져왔다
가는귀를 먹었기에 큰 소리로 또박또박 읽어주었다
글자를 모르는 대신
농사만큼은 반듯하게 지으신 어른
우수, 경칩, 소만, 망종, 처서, 백로, 소설, 대설,
24절기 속에 몸을 넣고
해와 달과 바람과 비를 벗하며 평생을 살았다

세상에서 가장 무서운 것은 글자였다
징용 통지서 한 장에 일본으로 끌려가 죽을 고생을 하고
전쟁통엔 내용도 모르는 종이쪽지 한 장에 갖은 매를 다 맞았다
사상도 이념도 모두 글자싸움으로 여긴
그에게 글자는 칼보다 총구보다 더 두려웠다

글자를 몰라도 자식을 낳았고
글자를 아는 사람보다 착하게 키웠다
곡식들은 글자를 모르는 그를 차별하지 않았다

죽음을 통보한 것도 글자였다
병원의 진단서 한 장으로 그는 죽음을 준비했다
꽃상여를 멜 이웃에게 기어이 품삯을 미리 주고
손수 입관에 쓸 황토를 곱게 쳐서 포장을 덮어놓았다
글자를 아는 자식들에게 유언장 대신 한 말은
음식 아끼지 말고 넉넉히 준비해라
이 한 마디뿐

임종 며칠 전 병실을 찾았을 때
못자리 잘 됐냐고 물으며 희미하게 웃던 어른
화창한 봄날 내가 멘 꽃상여를 탔다

봉분을 하고 착한 자식들은 한자로 새긴 비석을 세웠다
나는 비문 대신 자식들이 보냈던 편지글을 되살려 속으로 읽어주었다
그때 숲에서 뻐꾸기가 몇 번 울었다
─「큰 스승」 전문

시인의 '큰 스승' 역시 글자를 모른다. 하지만 그는 "글자를 모르는 대신/ 농사만큼은 반듯하게 지으신 어른"이다. 그는 자신의 육체 속에 절기의 감각을 담아 넣은 채, "해와 달과 바람과 비를 벗하며 평생을 살았다". 그가 보기에 "세상에서 가장 무서운 것은 글자"였다. 왜냐하면 '글자'는 "징용통지서'나 전쟁중의 "내용도 모르는 종이쪽지 한 장"이나 "병원의 진단서"처럼 역사와 생의 폭력성을 상징하기 때문이다. 그래서 그에게 '글자'는 칼이나 총보다 더 두려운 대상이었던 것이다. 하지만 그는 "글자를 몰라도 자식을 낳았고/ 글자를 아는 사람보다 착하게 키웠다". 그분의 꽃상여를 메고 시인은 글자로 새길 수밖에 없는 '비문' 대신에 "자식들이 보냈던 편지글"을 읽어주는 장례 제의를 수행한다. 이러한 '큰 스승'의 지극한 생애를 시인은 섬세하고도 따듯하게 재현하고 있는 것이다.

시인은 시편 곳곳에서 자신의 가족사를 기억하고 재현하고 있다. 감나무 한 그루 심으시고 이제는 "홍시/ 드시기 알

맞게"(「아버지와 감나무」) 이빨 빠지신 아버지, "몸 밖에서/ 무언가 만들기 위해/ 골몰하는 손놀림/ 가히 신神의 경지"(「늙은 호박」)를 보이시는 늙으신 어머니, 마치 정지용의 "사철 발벗은 아내"(「향수」)를 연상시키는 "바다보다 깊은 콩밭 가운데서/ 백로처럼 움직이던 수건 쓴 머리/ 땀에 전 까만 얼굴"(「아내」)을 한 아내, 그리고 가난 때문에 상급학교에 진학하지 못한 자기 자신(「그 겨울의 우울한 삽화插話」)에 이르기까지, 그 서사들은 험난하고도 가난한 역사를 관통해온 우리 농촌 현실을 적극 환기하면서 그 안에 경험적 구체성과 사실성을 확보하고 있는 것이다.

이처럼 정낙추 시편들은 서사적 재현을 통한 '사람'에 대한 경의를 완성하고 있는데, 이때 그분들의 생에 대한 구체적이고 애정 어린 시선은 그의 시학적 기둥을 이루고 있다 할 것이다.

5. '희망'의 시편들

앞에서도 말했듯이, 정낙추 시편들은 그 어느 것을 인용해도 좋을 만큼의 질적 균질성을 갖추고 있다. 또한 그는 사실성과 낭만성, 눈물과 희망을 동시에 지닌 정서의 폭이 넓은 시인이기도 하다. 가령 그는 농촌 현실을 비극적으로 노래하면서도, 눈 퍼붓는 겨울에 "아름다운 나타샤와 흰 당나귀 우는/ 눈 덮인 자작나무 숲으로 간 시인"(「폭설」) 백석을 부러워하는 그런 낭만의 시인이기도 하다. 시집 전체를 통해 "목숨을 구걸하지 않는 생은 아름답다"(「태풍」)라고 말하는 시인 정낙추. 그는 "기죽지 말고 살라고/ 속살거리고/ 사라지는"(「햇빛 한 줌」) 햇빛 안에서 생의 양도할 수 없는 '희망'을 발견하고, 그것을 자신의 궁극적 지표(指標)로 삼으면서 오늘도 '희망'의 시를 쓰고 있는 시인이다. 이제 우리가 그 '눈물'로 감싸안은 '희망'의 시편들을 읽으면서, 그 힘겨운 '희망'에 동참할 차례이다.